Couvertures supérieure et inférieure manquantes.

UN
LUNDI DE PAQUES

A

NANT-D'AVEYRON

NIMES,
IMPRIMERIE LAFARE & ATTENOUX,
Place de la Couronne, 1.

1868

UN LUNDI DE PAQUES

A NANT-D'AVEYRON.

Après quarante jours de pénitence et de deuil, qu'il est doux pour le peuple chrétien de voir arriver les belles fêtes de Pâques ! Alors tout renaît au bonheur ; l'hiver a disparu avec ses sombres nuages, ses frimas et ses glaces ; le ciel se tend de bleu, les arbres se couvrent de feuillage, et, comme le dit un pieux auteur, il y a dans l'air, au-dessus des cités, au-dessus des campagnes, comme un grand cantique de résurrection, comme un hymne d'allégresse qui résonne.

Mais, quelle joie dans la petite ville de Nant ! Comme à l'approche de Pâques, tout le monde éprouve les plus suaves émotions ! Là, plus que partout ailleurs, les jours de fête qui vont s'ouvrir seront accueillis avec une vive allégresse ! Là, plus que partout ailleurs, en prenant part aux démonstrations d'une chaleureuse piété, on sentira plus intimes, plus ardents les battements de son cœur, et l'on dira : Oui, le Seigneur est véritablement ressuscité ! Réjouissons-nous ! Dès le Samedi-Saint, on commence à pressentir la joie de la Résurrection, bien que le grand jour n'ait pas encore lui. Mais les accents de l'espérance n'ont-ils pas déjà succédé aux accents de la douleur ? L'Eglise n'a-t-elle pas déjà béni son cierge pascal et son encens ? N'a-t-elle pas redit à la foule quels prodiges l'Eternel avait opérés pour son peuple depuis le commencement des temps? N'a-t-elle pas sanctifié par ses bénédictions l'eau des fonts-baptismaux? L'hymne des Anges n'a-t-il pas été chanté, et les cloches, depuis deux jours silencieuses n'ont-elles pas, en l'annonçant, porté partout le signal de la victoire? Ah! sans doute tout cela est bien vrai, et néanmoins dans ces cérémonies si belles, qui touchent de si près à la Résurrection, il me semble qu'il y a encore place pour les pensées graves et sérieuses; car enfin ce cierge que le diacre consacre avec tant de pompe ne rappelle-t-il pas celui qu'un jour on brûlera près de nos restes inanimés; cette eau que bénit le Pontife sous le porche de sa cathédrale comme le plus humble des prêtres à la porte de son église, ne régénère-t-elle pas ceux qui entrent dans la vie, ne la jettera-t-on pas un jour, bientôt peut-être, dans notre fosse et sur notre cercueil? Oh! si l'on veut y penser, on verra qu'il n'y a rien de petit dans ce que fait l'Eglise, et on ne pourra s'empêcher de la bénir pour les grands enseignements qu'elle met sous nos yeux dans cette dernière journée du carême! Et cependant, je le répète, il y a du bonheur partout, lorsqu'arrive le Samedi-Saint, et il doit y en avoir, puisque déjà l'*Alleluia* s'est fait entendre, puisque les habits de deuil ont été remplacés par ceux de l'allégresse, et qu'on a fait disparaître des autels les grands voiles violets qui cachaient les images, les croix et les statues des saints. Mais, de même qu'à pareil jour pour obéir à la loi, les saintes-femmes s'abstinrent d'aller au sépulcre, afin d'embaumer le corps sacré de leur Sauveur et de leur Dieu, de même les fidèles s'appliquent à modérer leur joie, à en contenir les transports, et la plus rigoureuse abstinence ne cesse pas d'être observée. Mais lorsque vient sourire à la terre la solennité des solennités, ce jour où l'humanité a pu dire: ô Mort, où est ta victoire? ô Mort, où est ton aiguillon? Oh! alors qui dépeindra les élans d'enthousiasme qui s'emparent de tous les cœurs, et cet air de fête que prend tout à coup la petite ville de Nant, d'ordinaire si calme et si paisible? Ah! c'est qu'aujourd'hui le jeûne quadragésimal est rompu! c'est qu'aujourd'hui le Christ, dans sa lutte terrible contre la mort l'a écrasée et broyée sous ses pieds : il a brisé la pierre du sépulcre, il vit, il règne, il commande! Aussi en ce jour les trois nefs de la vieille abbatiale sont-elles trop étroites pour la multitude qui vient y adorer son triomphateur et son roi, et faire retentir, en le mêlant aux triomphants *Alleluia*, ce beau cantique des Anges que les esprits célestes redisaient près de la crèche d'un Enfant vainqueur aujourd'hui du monde et de l'Enfer! Le soir, comme pour préparer le peuple au pénible pélerinage du lendemain, le soir a lieu cette longue et poétique procession de *l'Estrade*, établie depuis si longtemps que personne ne peut en dire l'origine et le motif, et pendant laquelle on invite avec instance l'Église du ciel à se joindre à celle de la terre pour célébrer dignement le grand miracle de la Résurrection! Et le lundi de Pâques, quelle belle et sainte journée! Avant de la lui dépeindre, que le lecteur me laisse dire un mot de la légende de l'ermite de Saint-Alban. Au sommet de l'une des montagnes au pied desquelles se déroule le vallon de Nant, on voit de loin une antique chapelle qui servit autrefois d'asile à un pieux anachorète. Il passa ses jours sur cette montagne qui a pris son nom, dans l'exercice du jeûne et de la prière! L'eau d'une source encore abondante, quelques racines, des fruits sauvages suffisaient à l'entretien du bienheureux cénobite. La piété des fidèles consacra sa demeure et de temps immémorial, une foule immense se rend avec dévotion à ce modeste sanctuaire. Telle est notre légende, et je l'aime avec tous les Nantais qui l'ont apprise sur les genoux de leur mère. Telle est aussi l'origine de la belle fête de famille qui se célèbre à Nant le lundi de Pâques, et dont je vais tâcher d'esquisser quelques traits.

A peine les premières lueurs de l'aurore ont-elles commencé à poindre, qu'on entend des cris de joie dans les rues, sur les places publiques. Souvent, comme jaloux d'éclairer un si beau jour, pour donner plus de pompe à une si pittoresque solennité, le soleil se lève radieux, et commence à répandre les flots de sa lumière ; d'autrefois, pour mettre sans doute à l'épreuve le courage des nombreux pèlerins, il se cache ; mais rien ne les arrête ; et on les a vus, malgré le froid, malgré même la pluie et la neige, cheminer en bon ordre, et l'air retentissait de leurs chants de triomphe. Que de fois n'a-t-on pas envié leur sort ! Que de fois n'a-t-on pas pleuré à chaudes larmes, alors que, renfermé dans la maison paternelle qui, ce jour-là, s'était changée en véritable prison, on refusait de prendre part aux jeux innocents du jeune âge ! Oh ! que la tendresse d'une mère que l'on trouvait parfois trop affectueuse, infligeait alors une rude punition ! Cependant, une douce sérénité est empreinte sur tous les visages ; la joie, mais une joie pure, une joie sainte, une joie que la religion seule peut donner, et dont nos montagnes conservent pour ainsi dire le charme et le secret, éclate partout. Les petits enfants eux-mêmes ont voulu être de la fête ; depuis longtemps ils ont fait promettre à leur mère de ne pas les oublier, et elle a été fidèle. Les cloches, lancées à toute volée, portent dans les airs leurs notes les plus harmonieuses. Elles appellent à la prière, annoncent que l'heure du départ est arrivée. Aussi, la foule se rend-elle avec empressement dans cette vaste église abbatiale, dont le style sévère et grandiose ne cesse pas d'attirer l'attention, et que l'on se plaît tant à admirer. Elle est parée des magnifiques ornements qui la décoraient la veille ; en y entrant, on éprouve une influence de repos et de profonde paix ; avec l'odeur des cierges qui brûlent, avec la senteur des nombreux arbustes groupés en massif près des marches du sanctuaire, avec ce qui reste de la fumée de l'encens, on y respire comme l'air béni du ciel, et l'on dirait volontiers avec le prophète royal : Seigneur des armées, que vos tabernacles sont aimables ! Mon âme désire ardemment venir dans votre maison ; et l'ardeur de ce désir la fait presque tomber en défaillance. O mon Roi et mon Dieu, de même que le passereau trouve un abri pour s'y retirer, et la tourterelle un nid pour y placer ses petits, de même vos autels me serviront de demeure ; heureux ceux qui habitent dans votre maison : *Beati qui habitant in domo tuâ, Domine !* Le vénérable pasteur, entouré du clergé, s'agenouille au pied de l'autel, à l'endroit même où tant de fois ont prié les fils de S. Benoît ; il entonne le *Veni Creator* et l'on se met en marche (1).

(1) Les Nantais aiment beaucoup à parler de leur église, et pourquoi ne dirais-je pas que c'est avec raison ? Bâtie par les religieux Bénédictins qui la dédièrent au Prince des Apôtres, elle a toujours offert un grand intérêt à l'archéologue et au savant. Je suis heureux de signaler ici un nouveau titre à son importance et à son antiquité. Plusieurs de mes lecteurs l'ignorent sans doute, ils le verront avec plaisir. Le titre dont je parle, je le trouve dans la vie de S. Fulcran, évêque de Lodève, mort au commencement du xi⁰ siècle, l'an 1006. Cet illustre Pontife, dans le testament qu'il écrivit peu de jours avant sa mort, fait des dons considérables à Saint-Pierre-de-Nant, comme on peut en juger par les paroles suivantes : « *Unam partem de castello quod vocant Rocafolio dono S. Petro-Nantensi : et in valle quam vocant* AIRE, *ipsum alodem qui advenit mihi de ipso Bernardo....* » et deux lignes plus bas : « *dono S. Petro masum quem vocant* JOHANNE, *cum ipsâ silvâ Margaritâ.* » C'est-à-dire : « je donne à Saint-Pierre-de-Nant une partie du château de Roquefeuille ; dans la vallée d'Aire, cette propriété, exempte d'impôts, qui me vient de Bernard ; et enfin : « Je donne à Saint-Pierre-de-Nant le mas qui a nom *Jean*, avec la forêt Marguerite. » Ces textes sont formels ; et un auteur d'archéologie très-estimé, consulté à cet égard, a répondu qu'il était, dans ces passages, positivement question de l'église abbatiale de Nant. Or, à cette époque, elle devait être déjà de quelque importance, puisque l'illustre évêque et prince de Lodève la dote si magnifiquement. Les anciens du pays sauront mieux que moi ce que l'on pouvait entendre jadis par « château de Roquefeuille, vallée d'Aire, forêt Marguerite ; » mais,

C'est un spectacle vraiment beau que de voir cette multitude accourue des départements limitrophes rangée sous l'étendard de la croix, marcher dans un silence religieux, s'unir à la voix des chantres qui redisent les louanges de Marie. La procession s'avance quelque temps sous de grands ormes touffus dont l'origine remonte à plusieurs siècles. Bientôt elle arrive dans la campagne qui étale comme avec orgueil, devant un soleil levant, ses nombreuses richesses. C'est là qu'on admire de grandes et belles prairies émaillées de fleurs, d'immenses champs de blé encore humides de la rosée du matin ; et pour que rien ne manque à ce charme enivrant que fait naître dans l'âme l'aspect d'une matinée de printemps, l'oreille est attentive au bruit monotone d'un ruisseau qui, de cascade en cascade, bondissant avec force, se précipite en bouillonnant dans un abîme sans fond. C'est alors qu'on entre dans ce sentier rude et pénible qui conduit au sommet de la montagne que l'on se dispose à gravir. Qui pourrait dire l'effet produit par cette longue file, parcourant avec joie un chemin raboteux formé d'innombrables zigzags, sur lesquels se dessine la procession tout entière ? Ici, les jeunes associés de la Sainte-Enfance font flotter au gré du vent leur modeste oriflamme, leur bannière de Saint-Louis-de-Gonzague ; là, les pénitents blancs précèdent le clergé. Plusieurs d'entre eux, les pieds à peine couverts de mauvaises sandales, s'estiment heureux de porter la

---

quant à ce bourg qu'on appelait Jean « *masum quem vocant Johanne* » et qui est donné à l'église des Bénédictins, il n'est autre, sans aucun doute que Saint-Jean-de-Bruel. Ce que je viens d'écrire me fait vivement regretter (et je suis loin d'être seul), que jamais personne n'ait essayé la description archéologique des antiquités religieuses du vallon de Nant. Ah ! écrivait naguère un membre des assises scientifiques de la Narbonnaise-Occidentale, aux paroles duquel je souscris volontiers, que de belles choses à dire de cette antique église abbatiale, des églises de Sainte-Marie-des-Cuns, de Saint-Martin-du-Vican, et de Saint-Michel-de-Rouviac ! (Bollandistes, tome II de février ; édition de Paris, 1854 ; page 900, art. 7.)

belle et lourde croix dont ils sont fiers à juste titre, et sur laquelle viennent se refléter les rayons du soleil ; d'autres, et ce sont les plus dignes, ceux dont l'âge commence à trahir les forces, tiennent à la main le bourdon des pèlerins sur lequel ils s'appuient. Mais alors, point de peine, point de fatigue ; on s'avance, on monte, on monte toujours avec le même zèle, avec la même ardeur. De loin, on découvre la chapelle ; les vieillards versent des larmes de joie en la montrant à leurs petits-enfants ; ils ont voulu, pour la dernière fois peut-être, voir ces lieux bénis, se prosterner aux pieds de cet autel consacré par tant de vénération ; ils ont voulu pénétrer encore dans la demeure du saint anachorète, gravir la montagne où naguère ils montaient, pleins de force et de vigueur.

Mais, qu'entends-je ?... Quels chants de joie viennent frapper mon oreille? De toutes les bouches s'échappe le cri de victoire mille fois répété : *Alleluia! Alleluia!* De même qu'autrefois le fit entendre Israël, lorsque le Tout-Puissant lui ouvrit un passage au milieu des flots suspendus sur sa tête ! Et, après chaque strophe du beau cantique : *O filii et filiæ*, de ce cantique qu'aimaient tant nos pères, et que savent si bien redire les échos de nos églises, le peuple répète le joyeux refrain : *Alleluia! Alleluia!* Oh ! qui pourrait dire l'émotion que produit dans l'âme cet hymne de la Résurrection, sur le sommet d'une montagne, par un des premiers soleils de printemps, alors qu'une brise légère agite le feuillage à peine naissant des arbres !

Au milieu des chants de triomphe qui ne cessent de retentir, la foule se dirige vers la chapelle qui abrita longtemps le pieux solitaire. On n'y voit ni riches ornements, ni objets précieux, mais une digne simplicité. Les plus belles fleurs des champs décorent l'autel surmonté d'une image de la Vierge grossièrement sculptée, tandis que le sol est couvert comme d'un tapis de verdure. C'est là que le prêtre va célébrer l'auguste Sacrifice ; c'est dans ce lieu qu'à sa voix l'Eternel va descendre. Sans doute ce sanctuaire est bien pauvre, mais notre Dieu ne le dédaignera pas, lui qui a jadis habité dans les tabernacles de son peuple au milieu des champs de l'Idumée, lui qui honore nos rues de sa présence, lorsqu'il les parcourt en triomphateur au beau jour de la Fête-Dieu ! D'ailleurs, n'y a-t-il pas là, à la porte de ce sanctuaire si délabré, des âmes généreuses qui soupirent après lui comme le cerf altéré après l'eau des fontaines, et qui dans l'effusion de leur amour lui disent comme l'Epouse dans les sacrés Cantiques : « Je me reposerai à l'ombre de Celui que j'ai tant désiré, et le fruit qu'il me donnera sera plus doux à ma bouche que le nectar le plus délicieux. » Déjà la voix des chantres a fait entendre ces paroles qui répondent si bien à l'émotion qu'on éprouve : « Le Seigneur vous a conduits dans une terre où coulent le lait et le miel. » Pieusement recueillis, les pèlerins écoutent en silence l'Evangile du jour ; ils suivent le touchant dialogue des disciples d'Emmaüs, et semblent s'écrier avec eux : « Notre cœur n'était-il pas enflammé dans la route, quand Jésus nous parlait ? » Au moment sublime de l'élévation, tout fait silence, les fronts se courbent dans un saint ravissement devant le Dieu que le prêtre a appelé sur l'autel. On n'entend point alors le bruit des chaînes, des encensoirs qui s'élèvent et s'abaissent, les sons graves de l'orgue qui tremble et qui soupire, mais bien les joyeux *Alleluia*, car cette foule prosternée il n'y a qu'un instant, vient de se relever, et pendant que la Messe s'achève, elle redira avec feu ce cri de triomphe que répèteront comme à l'envi les échos des montagnes. Alors, le vénérable Pasteur descend pour la bénir, dans la grotte de la source, de cette source qui donnait à l'ermite une boisson toujours fraîche, et les pèlerins, s'empressant d'y goûter, se croient trop heureux d'en emporter quelques gouttes dans leur demeure, car ces pèlerins ont le bonheur de croire ; ils n'ont pas encore entendu les accents de ce rationalisme éhonté qui nous envahit de plus en plus, et qui n'aspire qu'à nous faire renier notre foi, nous moquer de la croyance de nos pères et la fouler aux pieds ! Ceux dont je parle ici croient d'une foi vive et ardente, et on en a vu plusieurs attribuer à cette eau des propriétés presque miraculeuses. D'autres n'ont pas craint au milieu des chaleurs de l'été de gravir le sentier de la colline, afin de satisfaire aux désirs impérieux de malades en danger; leur foi est même allée si loin qu'ils ont attribué la guérison à ces gouttes salutaires. Pourquoi d'ailleurs ne pourrait-il pas en être ainsi ? Celui qui, avec de la boue, rendait la vue aux aveugles, d'un mot ressuscitait Lazare, a-t-il donc abdiqué sa force et son pouvoir ? Son bras, pour être invisible, cesse-t-il tous les jours de faire des prodiges ? Heureux celui qui ne s'obstine pas à les nier ! Heureux surtout celui qui sait les voir, et en bénir l'Eternel qui seul, nous dit l'Ecriture, est capable d'opérer des merveilles.

A quelque pas de la grotte que jusqu'au moment du départ ne cesseront de remplir les flots pressés de la foule, quel riche paysage, quelle vue magnifique ! D'un côté, ce sont d'immenses prairies qu'arrosent de nombreux ruisseaux; au milieu d'elles, un modeste village comme caché dans un massif de verdure ; ici, des montagnes que couronnent des bouquets de pins ; là, les sourcilleuses tours d'un vieux donjon seigneurial, présentant à l'œil surpris des restes de remparts que l'on dirait encore couronnés de créneaux. Et si nous jetons les yeux sur le vallon qui se déroule à nos pieds, nous apercevons les cyprès toujours verts du champ de repos, les cyprès qui protégent de leur ombre la cendre de nos morts ; nous voyons à peine bourgeonner dans le lointain le pampre de la vigne, tandis que le parfum des fleurs remonte jusqu'à nous.

Après avoir quelque temps joui de ce spectacle, on se disperse sur un petit monticule couvert de buissons d'aubépine, d'églantiers et de touffes de buis. Entre ces jolies broussailles pousse une herbe fine et courte, entremêlée de serpolet, de thym et d'autres herbes odoriférantes. Cet endroit délicieux n'est guère fréquenté que par le lézard qui vient y frétiller à midi, et les petits pâtres qui y jouent. C'est là qu'est préparé par les soins de nombreux convives un déjeûner presque frugal qu'assaisonnent tous les agréments champêtres. On s'assied sur la verte pelouse, et l'on dispose tout sur la mousse bien fraîche. La famille entière se réunit ; personne n'a voulu être privé d'un si doux plaisir ; c'est alors qu'on oublie les fatigues du matin, et qu'on reprend des forces pour en essuyer de nouvelles. Pendant ce repas fraternel qui rappelle à l'esprit les agapes des premiers fidèles, mais surtout la manducation de l'Agneau pascal qu'Israël devait manger à la hâte, les reins ceints, le bâton de voyageur à la main, il est certaines particularités que je suis heureux de signaler. On dirait que nous venons singulièrement observer point par point l'ordre transmis par Dieu aux enfants de Jacob, lors de leur sortie de l'Egypte : « Que chaque famille prenne un agneau rôti, et le mange ! » C'est là ce qui a toujours lieu pour chaque famille, même la moins aisée, au sommet de la montagne, et cette coïncidence, je l'avoue, en a frappé plusieurs. De plus, le lundi de Pâques est si bien notre fête à nous, que c'est pour lors qu'on prépare ces gâteaux traditionnels appelés dans le pays *fouaces*, ou mieux encore, gâteaux de Saint-Alban. Les derniers jours de la Semaine-Sainte, la ménagère s'occupe de la confection de ces gâteaux pour lesquels elle a réservé sa plus belle fleur de farine. Aussi, comme elle est fière de son œuvre ! Comme elle a hâte de montrer à ses enfants cette belle croûte dorée. Aux jours des *Alleluia*, ces gâteaux remplacent le pain ; ils sont ce qu'étaient pour les Hébreux les azymes de la Pâque. Mais c'est surtout à Saint-Alban, et pendant ce déjeûner si agréable, qu'on les mange avec joie ! La part du pauvre est toujours mise de côté, et le malheureux qui tend la main n'ignore pas qu'alors il y a place pour lui à ce banquet où tout doit être en fête ? A la fin du repas, le plus jeune des convives a soin d'aller fouiller dans le fond de la gibecière ; il en retire encore un vase couvert de sable et de poussière, j'allais dire respecté, et quelques gouttes d'un vin vieux et exquis, de ce vin qui réjouit le cœur de l'homme, brillent aux rayons du soleil.

Pendant que la famille savoure avec délices le bonheur de se trouver réunie, on aperçoit, serpentant dans la vallée, une nouvelle procession sortie d'un village voisin qui se dirige vers le modeste ermitage, et vient, elle aussi, vénérer ces beaux lieux. Elle s'avance peu à peu, traverse le petit hameau du Liquier ; en passant près de la fontaine qui lui donne son eau fraîche et limpide, le prêtre la bénit, pour qu'elle soit toujours bonne et salutaire, pour que les orages ne troublent pas ses ondes, et que les ardeurs de l'été ne les tarissent point. Bientôt elle s'enfonce dans un grand bois de châtaigniers qui la dérobe à tous les regards ; tout à coup, à un pli de terrain, on la voit au sommet de la colline, et elle avertit par ses chants les premiers pèlerins que ce n'est pas là qu'ils doivent dresser leur tente et fixer leur séjour.

Cependant, le tintement léger d'une cloche argentine a frappé l'oreille. Tout cesse aussitôt ; à la joie succède un pieux recueillement, le moment du départ est arrivé. La procession s'organise, et s'avançant en bon ordre, se dispose à descendre par un autre chemin. On s'arrête alors, on se prosterne devant chaque croix du Calvaire établi en ce lieu, et l'on chante en chœur la belle strophe : *O crux, ave, spes unica !* Mais ce n'est plus maintenant sur le rythme de la douleur ; ces paroles que l'on prononce n'ont rien de funèbre comme aux tristes jours de la grande Semaine ; on les redit avec allégresse, et l'on répète toujours avec une nouvelle émotion : *In hoc Paschali gaudio !* La foule semble ne s'éloigner qu'à regret de ce sanctuaire vénéré ; elle marche lentement, et prie avec ferveur. Bientôt elle a franchi le plateau et commence à cheminer sous des pins majestueux dont l'ombre se projette au loin. Le sol y est couvert de mille fleurs ; c'est la violette qui répand autour d'elle son odeur bienfaisante ; c'est la primevère qui depuis longtemps a percé la neige pour annoncer le retour du printemps, et balancer au gré du zéphir sa corolle dorée ; les oiseaux, voltigeant de branche en branche viennent encore par leur harmonieux concert ajouter à cette joie de la nature. Pendant les courtes haltes que l'on fait sous ces grands arbres, la pieuse mère ne manque pas de tresser une couronne qu'elle suspendra près de la couche de son enfant, ou qu'elle ira déposer peut-être sur la pierre du cimetière qui recouvre sa dépouille mortelle ; il en est souvent ainsi dans la vie : des apparences de bonheur tout à côté du chagrin.

A peine ont-ils franchi le petit bois de pins, que les pèlerins se trouvent sur le flanc d'une montagne abrupte et escarpée que dorent les derniers rayons du soleil couchant, et sur laquelle paissent de nombreux troupeaux. On aperçoit alors comme dans un magnifique bouquet d'arbres, un antique manoir que toujours les Nantais ont aimé avec une sorte de respect. C'est de là en effet qu'est sorti un homme puissant et dévoué qui établit jadis dans notre ville un couvent de Doctrinaires pour instruire la jeunesse du pays. Lors de la Révolution, les religieux durent se soustraire à l'orage ; mais le souvenir de leur science et de leurs vertus laissa dans les cœurs de si profondes racines qu'aujourd'hui même on désigne sous ce nom : « les Pères, » la spacieuse maison qu'ils occupaient alors.

— Dans un siècle d'égoïsme tel que le nôtre, il faut être fier de rencontrer des cœurs reconnaissants. Honneur donc à nos compatriotes ! — C'est encore dans ce beau château que vient se reposer un éminent magistrat qui occupe dans le sanctuaire de la justice une des premières places ; c'est là qu'en respirant au milieu de sa famille l'air pur de ces montagnes, il aime à méditer des vers dont la lecture a fait et fait encore tous les jours le charme et le bonheur de l'une de nos plus savantes Académies.

Au pied de la colline d'où l'on considère cette superbe demeure, le Durzon, ruisseau, rivière ou torrent selon les intempéries, roule ses ondes bleuâtres au milieu d'une belle campagne à la riche végétation. La pâquerette, la renoncule fleurissent sur ses bords, et du blanc calice de l'aubépine s'exhale un suave parfum. On fait encore quelques stations aux dernières croix du Calvaire, et alors l'on voit se dérouler comme un immense jardin formé par de nombreux arbres fruitiers, couronnés de fleurs et de feuillage.

Cependant, ceux qui malgré leur désir n'ont pu s'unir aux fidèles, n'ont pas cessé pour cela de suivre des yeux la procession dans sa marche. Ils l'ont vue gravir lentement le sentier de la montagne, et parvenir au sommet ; ils la regardent ensuite cheminer sur le plateau ; et lorsqu'elle a atteint les rives du Durzon, les cloches font entendre leurs joyeuses volées, elles annoncent le retour. Aussitôt, Nant devient presque désert ; bon nombre de vieillards plus qu'octogénaires, des femmes, des enfants se dirigent, en suivant le cours du ruisseau, vers une vieille église dédiée à S. Martin, isolée au milieu de magnifiques prairies. Là, les nouveaux pèlerins se joignent aux premiers, et la procession rentre enfin dans la ville, au son des cloches, et au chant du cantique d'actions de grâces.

Le soir ramène de nouveaux plaisirs, de nouvelles émotions. Les nombreux étrangers qu'a attiré dans la ville le bonheur de vénérer la demeure du saint anachorète, circulent en tous sens. Partout on se livre à la joie ; l'allégresse éclate partout. Quant le jour touche à sa fin, on se rend à l'église des Pénitents, trop petite alors pour contenir les flots pressés de la foule. Pendant la Semaine-Sainte, qu'il était touchant de pénétrer dans ce sanctuaire ! comme tout y parlait bien au cœur ! Tantôt c'était la cène qu'on y représentait ; tantôt le jardin de Gethsémani, avec l'Homme-Dieu, dans sa sueur de sang, et un Ange descendant du ciel, un calice à la main ; tantôt

c'était la montagne du Calvaire que gravissait avec peine le Sauveur du monde, chargé de sa croix ; des arbres, coupés dans les forêts voisines avaient été transportés dans la chapelle, et l'obscurité qui y régnait était à peine dissipée par la lueur de quelques lampes qui donnaient à ce lieu comme l'aspect d'un sépulcre. Mais aujourd'hui tout a disparu; l'autel a repris ses candélabres, ses bouquets des grands jours de fête ; de riches tapis couvrent ses marches, et des milliers de cierges scintillent autour de la radieuse Eucharistie. Les Vêpres de Pâques y sont chantées avec la plus grande solennité. Quoi de plus beau, d'ailleurs, de plus magnifique que les paroles que met l'Eglise dans la bouche de ses enfants durant cette belle octave de Pâques ? Comment ne pas admirer ces accents de triomphe et d'allégresse ? Cette bonne Mère est si heureuse de la victoire remportée sur la mort par le Prince de la vie, qu'elle fait éclater sa joie par le plus vif enthousiasme : « L'Ange du Seigneur, s'écrie-t-elle,
» est descendu du ciel et a renversé la pierre du sépul-
» cre ! *Alleluia!* Son visage était brillant comme l'éclair,
» ses vêtements, blancs comme la neige. A son aspect,
» les gardes sont saisis de frayeur ! *Alleluia!* Et l'Ange
» s'adressant aux saintes Femmes, leur disait : Ne craignez
» pas; je sais que vous cherchez Jésus de Nazareth ; il est
» ressuscité ! Venez voir le lieu où ils avaient placé le
» Sauveur ! *Alleluia!* En ce jour que le Seigneur a fait,
» réunissons-nous, tressaillons d'allégresse ! *Alleluia !*
» *Alleluia !* »

Et puis, l'on entend retentir sous la voûte de la petite église, le chant de triomphe qui rappelait aux Hébreux les prodiges de Jéhovah : « Lorsque Israël sortit d'Egypte,
» et que la maison de Jacob ne fut plus sous le joug d'un
» peuple barbare, la mer vit sur ses bords le peuple déli-
» vré, et recula : Le Jourdain remonta vers sa source, les
» montagnes bondirent comme des béliers, et les collines
» comme des agneaux ! La terre s'ébranla à la vue du

»Seigneur, à la vue du Dieu de Jacob! car c'est lui qui
»changea la pierre en une source d'eau, et les rochers en
»courants d'eaux vives! Notre Dieu! Il est dans le ciel!
»Tout ce qui existe a été fait par lui! Il s'est souvenu de
»son peuple, et il l'a béni!»

Je ne sais si je m'abuse, mais il y a, ce me semble, dans ces paroles si simples et pourtant si magnifiques, une poésie que rien ne peut rendre, et que l'on chercherait vainement ailleurs! Tout est ici palpitant d'enthousiasme, je dirai presque, d'un saint délire, et je ne m'étonne plus si de pareils chants ont tiré tant de fois des larmes des yeux des plus indifférents. Ah! c'est que l'Eglise a seule un langage qui parle au cœur, un langage qui va remuer jusqu'aux dernières fibres; et bien des fois, en l'entendant, celui qui se disait incrédule a senti naître chez lui une de ces émotions que rien ici-bas ne pourra jamais expliquer; celui que la curiosité avait amené au pied des autels, a été souvent vaincu comme malgré lui; et tombant à genoux sur les dalles du Sanctuaire, il s'est écrié avec l'Apôtre: Mon Seigneur et mon Dieu! Après le chant des psaumes et des hymnes sacrées, le ministre du Seigneur redit à la foule attentive le grand miracle de la Résurrection; ce récit, les fidèles l'ont sans doute écouté mille fois, mais il a pour eux tant de charme qu'ils ne peuvent se lasser de l'entendre encore. Il leur semble, comme à Madeleine, voir le sépulcre du Christ vivant, la gloire du Christ ressuscité, les Anges, témoins célestes, avec leurs robes éclatantes de blancheur leur montrer le tombeau vide, en disant: Il n'est plus ici, il est ressuscité! Louez Dieu! et eux alors tombant à genoux, rendent grâce à Celui qui les a fait passer de la mort à la vie, des ombres du sépulcre aux gloires du ciel, de la servitude du péché à la liberté des enfants de Dieu. Après le sermon, à cette heure mystérieuse qui n'est plus le jour et qui n'est pas encore la nuit, à cette heure où la fraîcheur et le repos descendent sur la nature, la fumée de l'encens s'élève dans le temple saint, et de jeunes lévites balancent leurs encensoirs devant le Dieu qui bénit son peuple prosterné. La religion seule devait couronner une fête que depuis longtemps elle nous a si bien appris à sanctifier. Ah ! c'est bien après elle que chacun s'écrierait comme les disciples d'Emmaüs : « Demeurez avec nous, Seigneur, parce qu'il se fait tard et que le jour est sur son déclin, » ou avec l'Eglise :

> In hoc festo sanctissimo,
> Sit laus et jubilatio !
> Benedicamus Domino !
> Alleluia !

Et maintenant, que ceux que de pareils spectacles laissent froids et insensibles prennent la pierre et me la jettent ! Pour moi, je ne crains pas de le dire, je les admire et je les aime. J'aime ce religieux empressement avec lequel sont accueillies les solennités pascales dans le beau vallon qui fut mon berceau ; j'aime la Foi simple et naïve du peuple qui a appris dès l'âge le plus tendre la pieuse légende de l'ermite de la montagne, et la raconte à ses enfants aux longues soirées d'hiver. J'aime à lire sur le visage des nombreux Pélerins, mes frères, mes amis, la joie dont déborde leur cœur, et à entendre sortir de leur mâle poitrine le cri du triomphe, l'*Alleluia* de la victoire ; mais surtout j'aime à les voir bénir ainsi leur Dieu, et lui rendre grâce de ses bienfaits. Le Seigneur seul, ils le savent, peut bénir leurs travaux ; c'est lui qui possède les trésors de la rosée et du soleil, et répand la chaleur et les tièdes ondées sur les champs qu'ils cultivent. Mieux que personne, ils savent livre dans le grand livre de la nature, où tout leur révèle la bonté du Créateur. Aussi viennent-ils prier avec confiance ; et dans le fond de la vallée, et sur le flanc de la colline on n'entend que cette invocation adressée à la Vierge et aux Saints : *Ora pro nobis*, priez pour nous ! Oh ! pieux Pélerins, que vous êtes heureux dans la simplicité de votre foi ! Si vous saviez quel bien elles font à l'âme les touchantes démonstrations de votre piété, ces fêtes si belles que vous célébrez avec tant d'enthousiasme, et dont le souvenir ne s'efface jamais de la mémoire ! C'est bien vous qui avez compris cette parole du maître : « Cherchez d'abord le royaume de Dieu et sa justice. » Simples dans vos goûts comme dans vos mœurs (un illustre prélat que vous avez connu, que vous avez aimé, et qui, ravi d'admiration à la vue de votre beau pays, le surnommait le jardin de l'Aveyron, vous rend témoignage), vous n'avez demandé qu'à votre sol si riche la modeste aisance dont vous jouissez tous, et Dieu vous a bénis. Ah ! comprenez de jour en jour que la vraie félicité n'est pas dans les aspirations dangereuses d'une folle ambition. Voyez les oiseaux du ciel : rien ne manque à leur bonheur parce que rien ne manque à leurs désirs. Exempts de tout souci, leurs chants sont joyeux, leur sommeil tranquille. Un rayon de soleil, une goutte de rosée, quelques petites graines que la main du Seigneur a laissées tomber sur la terre, voilà tout ce qu'ils rêvent aujourd'hui pour leur bonheur de demain. Oh ! pourquoi donc l'homme serait-il moins sage que les petits oiseaux ? Pourquoi ?... Parce que l'homme est toujours prêt à préférer les chimères d'une folle ambition aux jouissances les plus saintes. Parce que l'homme est un être insatiable d'honneurs et de richesses, que l'orgueil tyrannise, que la jalousie dévore, et à qui rien ne sourit, en dehors de ses rêves insensés. Oh ! j'espère, je sais qu'il n'en sera jamais ainsi parmi vous ; je sais que vous serez fidèles à nos anciennes traditions, à la foi de nos pères ; on viendra peut-être vous traiter de fanatiques ; mais ne craignez rien, sachez plaindre les insensés ; et inébranlables comme le roc de l'Océan battu par la tempête, répondez-leur avec un de nos plus grands génies :

> Fuyez de ces plaisirs la sainte austérité ;
> Tout respire ici Dieu, la paix, la vérité.

Le poète disait, en parlant du pays qui nous a vus naître, et dont j'ai voulu retracer une des plus belles fêtes :

> Le riche y court, le voyageur l'admire ;
> Là-bas, là-bas, je veux aller mourir !

Qu'à mon tour, il me soit permis de m'écrier : O belle montagne de Saint-Alban, qui abritas mes premières années, à l'ombre de laquelle s'écoulèrent les heureux jours de mon enfance, quand pourrai-je te revoir, et chanter l'*Alleluia* sur tes flancs escarpés! Israël dans l'exil soupirait après les vertes campagnes de Zabulon, semées de violettes éternelles, après les roses de Jéricho, le beau ciel de la Galilée, le doux parfum des cèdres de l'immortel Liban ! Et moi aussi je soupire après le délicieux spectacle d'une nature belle et pittoresque. Il y a si longtemps que la brise d'avril lorsqu'elle agite la grappe du lilas n'a rafraîchi mon front, et que ma poitrine n'a respiré l'arôme embaumé de l'aubépine en fleurs ! Oh ! quand donc me sera-t-il donné, pèlerin trop heureux, de suivre avec la foule l'étroit sentier de la colline sainte, de vénérer des lieux si chers à mon cœur, de redire au pied de l'autel la touchante prière que confia ma mère à mes lèvres d'enfant ?

www.ingramcontent.com/pod-product-compliance
Lightning Source LLC
Chambersburg PA
CBHW071438060426
42450CB00009BA/2230